AF224795

LES

CAHIERS DE 1889

LES
CAHIERS DE 1889

PAR

UN NÉGOCIANT

PARIS

AUGUSTE GHIO, ÉDITEUR

PALAIS-ROYAL, 1, 3, 5, ET 7, GALERIE D'ORLÉANS

—

1885

LES CAHIERS DE 1889

Partout en France on demande des améliorations, des simplifications, des réformes.

Pourquoi les progrès sont-ils si lents à venir ? Je n'hésite pas à le dire : la faute en est à la Chambre des députés.

L'expérience de 1848 aidant, le recrutement du pouvoir exécutif est ce qu'il peut être.

On a fait du neuf pour le sénat. Le recrutement des membres de cette assemblée, qui appartiennent à tous les groupes politiques, donne, sur 300 sénateurs, une grosse majorité de 250 hommes de valeur. C'est là pour le personnel gouvernemental un beau résultat, dont un esprit sectaire ou un journaliste seul peut avoir à se plaindre.

A la Chambre, sur 500 députés, vous avez 75 hommes de valeur, qui supportent tout le fardeau des discussions et des affaires. On peut estimer à 200 environ le nombre des députés qui sont conscients de leur responsabilité et de leur devoir vis-à-vis de la France. Reste une phalange de 200 à 250 députés, qui ont l'oreille à tout autre chose qu'aux affaires publiques et aux questions qui intéressent directement le pays.

C'est de cette queue néfaste d'inconscients de toutes catégories que vient tout le mal, car non seulement ils ne travaillent pas eux-mêmes, mais encore ils empêchent les autres de travailler !

Chaque interpellation, chaque question inutile, retarde d'autant le règlement des affaires courantes et importantes, car l'année ne compte que 300 jours de travail pour les députés comme pour les simples mortels.

C'est à ce harcellement perpétuel et intempestif que nous devons de voir reculer de jour en jour les solutions législatives les plus urgentes (loi Naquet sur l'exception de jeu par exemple). C'est à cela que nous devons notamment de voir ajourner la discussion du budget, ce qui affecte la bonne tenue de nos fonds publics et le crédit national.

Comment sortir de ce « liberum veto » parlementaire ?

Par une bonne loi électorale de la Chambre des députés.

Si on ne veut revenir au scrutin à deux degrés, qu'au moins on fasse du neuf et qu'on associe au scrutin de liste la préparation électorale.

Par cette expression je n'entends pas parler de candidatures officielles. Par qui se fait, en effet, le scrutin d'arrondissement ? Par les journaux et par les politiciens du chef-lieu d'arrondissement le plus souvent.

Par qui se ferait le scrutin de liste par département ? Par les journaux du chef-lieu et par les politiciens du chef-lieu du département[1].

Dans le premier cas, les députés sont les très-humbles serviteurs de leurs électeurs ; dans le second, ils seront les hommes du chef-lieu de département : vous tuez les intérêts locaux qu'il ne faut pas confondre avec les intérêts de clocher, car il en est de respectables.

Quand le deuxième port français, quand le Havre vous demande de ne pas permettre que Rouen l'ensable, il me semble qu'il y a là un intérêt local qui touche de très-près à l'intérêt national.

Avec le scrutin de liste par département, Rouen fera les élections, et les Jules Lecesne (pour ne parler que des morts) et autres hommes de valeur se trouveront écartés

---

[1] Il y a de très braves gens parmi les journalistes, mais je n'apprends rien à personne en disant que le journal est une affaire, une influence qui se vend. Dès lors au point de vue diplomatique et économique, c'est un danger de laisser la puissance de la presse sans contrepoids dans les élections.

de la liste du chef-lieu pour peu qu'ils se présentent en opposition avec les intérêts de la capitale du département. La chose publique n'y gagnera pas, votre scrutin de liste ne sera qu'un déplacement d'influences, et non pas une amélioration du personnel gouvernemental de la Chambre.

Français sans adjectif, j'ai des amis à Rouen comme au Havre, et ces questions de compétition locale m'ont toujours laissé froid, jusqu'au jour où j'ai senti sur l'épaule, à l'audience du tribunal de commerce de Rouen, la griffe du chef-lieu.

Il est un moyen, Messieurs, de concilier ces éléments en apparence si divergents, le scrutin de liste et le scrutin d'arrondissement.

Comme je le disais ci-dessus : « Faites du neuf. »

Pourquoi ne passeriez-vous pas dans la loi sur le scrutin de liste un article disant que, six semaines avant les élections le conseil général se réunit d'office, et prépare une liste de candidats à présenter aux électeurs.

Cette liste serait communiquée aux journaux, qui discuteront les candidats et en présenteront d'autres si tel est leur bon plaisir ; mais il est à supposer que des candidats ainsi présentés par les représentants autorisés de chaque canton, seront des personnalités de valeur, des hommes capables d'être de bons administrateurs de la chose publique et la grande masse des électeurs n'hésitera pas, dans bien des cas, à préférer la liste du conseil général à celle de tel ou tel journal.

Un conseil général, en majorité réactionnaire, présentera une liste réactionnaire ; un conseil républicain ou radical présentera une liste républicaine ou radicale. Si l'un ou l'autre de ces partis se trouve exclu de la liste, il fera une liste de minorité, chaque parti mettra en relief les hommes de valeur qu'il possède et la représentation nationale ne pourra qu'y gagner en autorité.

Il est d'une importance capitale de constituer en France

un gouvernement fort, homogène, un gouvernement à lendemain qui ait le temps et les loisirs d'être vigilant. Cela est important d'abord au point de vue de l'extérieur : l'histoire, dit-on, tourne toujours dans le même cercle, les Francs, jadis, ont quitté la Germanie pour envahir la Gaule ; aujourd'hui la prolifique Allemagne nous envahit par ses immigrants, tandis que notre population décroît ; mais jusqu'à présent au moins cette invasion est pacifique.

Oui ! mais qui nous dit qu'un jour la Prusse féodale et militaire, quand elle aura digéré ses rapides conquêtes, et façonné les nouvelles générations par l'instruction obligatoire, et par le service militaire, qui nous dit qu'un jour ces descendants des Germains d'Antan, ne seront pas tentés comme Clovis de reprendre le chemin de « ces belles provinces d'Aquitaine », du pays à milliards, des « magnificent city to plunder » comme disait Blucher à Wellington en parlant de Londres ?

C'est en vue d'une semblable éventualité, Messieurs, que je vous demande aujourd'hui d'être forts demain.

Nous avons besoin d'une représentation nationale intelligente et travailleuse, afin qu'en même temps que nous affirmerons notre force au-dehors, nous affirmions au dedans le bon-sens traditionnel de la France et que les discussions stériles fassent place à des réformes utiles.

Il y a des progrès considérables à accomplir.

Vous avez à ne plus considérer vos codes comme une arche sainte ; et à les refondre en les débarrassant du bagage lourd et incohérent de la jurisprudence.

Vous avez à protéger la femme, sans détruire la famille et sans risquer de verser dans le chantage.

Vous avez à protéger l'enfant contre la pornographie, car l'enfant, c'est l'homme de demain et l'ensemble des hommes de demain, c'est la natio française. Quelques bonnes amendes et de la prison, et vous déblayerez ce malpropre terrain.

Vous avez à mettre à jour le Code de commerce. Les procès durent trop longtemps, la justice est trop chère ! Enfin, la constitution de Chambres d'appel commerciales s'impose (voir les pièces annexes).

Vous avez à protéger par l'étude d'un Code de procédure de commerce international vos nationaux à l'étranger, votre commerce à l'importation et à l'exportation.

Vous avez à réviser le Code pénal ! Il est trop dur pour les petits, trop coulant pour les gros ; le même délit se trouve inégalement puni suivant les personnages qu'il touche. Tous les jours, dans la presse, on traîne impunément dans la boue les ministres et les hommes publics en général ; il n'en coûte qu'un franc d'amende pour insulter un président de Chambre de commerce ; mais si vous touchez à Messieurs de la justice, qui sont à la fois juge et partie, vous en aurez pour vos 7 à 8 ans de prison quand, comme tel pauvre diable, vous aurez eu le malheur de les appeler des propres à rien et des hommes en jupon. La justice ne peut évidemment pas se laisser insulter ; mais la peine n'est-elle pas hors de proportion avec l'offense, ne touche-t-elle pas à l'arbitraire, et ne croirions-nous pas voir dans le pouvoir judiciaire une nouvelle caste nobiliaire succédant à l'ancienne aristocratie d'épée ?

Il ne faut pas que nous ayons même l'air de vouloir remplacer le privilège des lettres de cachet de la Bastille etc. par celui des considérants, du papier timbré, de l'amende et de la prison.

Il est temps qu'on arrive à moderniser le pouvoir judiciaire si on ne veut pas implanter chez nous le revolver commercial à côté du vitriol de la fille-mère !

Au point de vue militaire, vous avez d'abord à ne pas détruire ce qui existe, ce qui tient ensemble, car notre armée est la sauvegarde de notre indépendance, l'école d'abnégation, de discipline, d'honneur et de devoir de la France d'aujourd'hui et de demain.

Je cite pour mémoire vos colonies à réorganiser avec méthode, ou à organiser avec intelligence et esprit de suite, comme l'ont fait les Anglais dans les leurs. Il y a progrès dans ce sens en Algérie ; le notariat y laisse à désirer ; et c'est là une des grosses pierres d'achoppement de la colonisation, mais chaque fois que j'ai eu affaire à la préfecture d'Oran, les solutions ne se sont pas fait attendre ; le grand chef algérien, M. le Gouverneur, donne l'exemple ; les lettres sont répondues par son administration commercialement et par retour du courrier.

Il y aurait sur tous ces sujets des pièces annexes à joindre à ce petit travail de parlementaire en Chambre.

Je joins ma petite pierre à l'édifice des « cahiers de 1889 » en appelant plus spécialement l'attention de nos gouvernants sur ce qui intéresse particulièrement le public commercial auquel j'appartiens et spécialement sur la nécessité de créer des « Chambres d'appel commercial » pour donner des garanties aux affaires.

J'aime mieux moins embrasser et mieux étreindre, me borner à signaler aujourd'hui un ou plusieurs points qui affectent gravement les transactions, menaçant notre capital, attaquant notre moral et absorbant notre temps, choses graves, lorsqu'il s'agit de lutter non seulement contre la concurrence intérieure, mais encore et surtout contre la concurrence étrangère.

La France est à comparer à un homme riche qui a perdu une partie de sa fortune. Il n'a pas trop de tous ses efforts pour donner une meilleure assiette à ses revenus, et préparer ses forces en vue des luttes futures.

Si ces quelques lignes peuvent être utiles à mon pays et à mes confrères commerciaux, j'estimerai, comme Titus, que je n'ai pas perdu ma journée et je rentrerai avec plaisir dans le rang dont je ne sors aujourd'hui que parce qu'un homme d'honneur signe ses écrits.

Paul Chevalier.

PIÈCES ANNEXES

UN FEUILLET

DES

CAHIERS DE 1889

Réforme des Cours d'appel au point de vue commercial.

La loi Naquet sur l'exception de jeu ne suffit pas pour compléter l'assistance judiciaire au point de vue des affaires.

PÉTITION

Adressée par des armateurs, négociants, courtiers et commerçants du Havre à M. le Président du Sénat et à M. le Président de la Chambre des députés.

Messieurs les Sénateurs,

Messieurs les Députés.

« Messieurs,

« Nous soussignés patentés au Hâvre, venons vous prier de vouloir bien prendre en considération la triste situation du commerce.

« Non seulement les affaires deviennent de jour en jour plus difficiles par suite de la concurrence étrangère, des difficultés et charges intérieures, mais encore les transactions ne peuvent plus se faire avec sécurité. Nul n'est sûr de jouir paisiblement de la fortune honnêtement acquise ; d'un jour à l'autre un procès intenté par un adversaire déloyal ou retors peut nous faire perdre la majeure partie de notre avoir.

« Comment se fait-il que la déloyauté puisse ainsi avoir gain de cause devant les tribunaux ? Nous n'en accusons pas la justice de notre pays mais la manière dont elle est appliquée au commerce.

« Depuis que les chemins de fer et les télégraphes ont entièrement transformé les affaires, elles sont devenues plus complexes, et les commerçants eux-mêmes n'ont pas trop de toute leur expérience et de toute leur sagacité pour les juger, quand même il s'agit de leur propre genre d'affaires et des usages de leur propre ville. Cependant les tribunaux de commerce sont compétents ; mais il

y a toujours un perdant dans un procès, et si celui-là
en appelle, à qui en appellera-t-il ? à une Cour mieux
informée ? Au contraire.

« A la séance du 27 décembre 1883, M. Bardoux a
appelé l'attention de Monsieur le Ministre sur l'abaissement des études de droit. Si nos juges ne poussent
plus leurs études aussi loin qu'autrefois dans leur partie, comment pourrait-on leur demander d'être au courant des affaires commerciales, qui nécessitent une
étude spéciale et approfondie ? Ce sont là des choses
qui leur restent évidemment étrangères et qu'ils ne peuvent même pas étudier dans des livres, puisqu'elles
sont basées souvent sur des usages et des conventions
variant suivant les commerces et les villes. Nos magistrats d'appel sont assurément des hommes très-intègres
et très-versés dans les questions de droit ; mais absolument incompétents en matière commerciale.

« Pour remédier à cet état de choses si fatal aux affaires, il serait urgent d'établir des Chambres d'appel
commerciales.

« On pourrait les recruter en adjoignant aux juges
choisis dans la magistrature un jury spécial d'hommes
d'affaires choisis par les Présidents des tribunaux ou
des Chambres de commerce de la région judiciaire à
laquelle appartient l'affaire en appel. Non-seulement
ce jury donnerait à la Cour le supplément de compétence et d'autorité en matière commerciale dont elle a
besoin, mais il permettrait encore d'utiliser l'expérience
de bien des hommes, qui reculent devant l'assujétissement de faire partie d'un tribunal de commerce et dont
les lumières restent ainsi sous le boisseau.

« Ce jury étant choisi dans toute une région et non
dans une seule ville, la justice d'appel se trouverait par là
même « délocalisée. » Nos juges ne seraient plus les
magistrats de telle ou telle cité, pouvant dans un pro-

cès local être influencés par des considérations locales ;
ils seraient forcément impartiaux et compétents.

« Dans l'espoir, Messieurs les Sénateurs et Messieurs
les Députés, que vous voudrez bien donner suite à notre
pétition, nous vous prions d'agréer nos civilités respec-
tueuses. »

Suivent les signatures.

Vous faites juger des militaires par des militaires,
faites juger des négociants par des négociants.

Au lieu de faire contrôler les juges de commerce par
des gens qui ne connaissent rien à nos affaires, faites juger en appel les choses de commerce par des tribunaux
capables de les apprécier, non-seulement pour les questions de droit, mais aussi pour les faits.

Ce n'est point par dépit d'avoir perdu mon procès,
c'est parce que je ne veux plus m'exposer à en perdre
d'autres du même genre que je parle de la sorte !

En résumé qu'y a-t-il de révolutionnaire à organiser
des Chambres d'appel commerciales composées par
exemple de trois magistrats de profession et de deux
juges consulaires ?

Ce n'est pas 1848 et le suffrage universel des patentés
appliqué aux Cours d'appel que nous demandons, c'est
l'adjonction des capacités que nous réclamons et rien
de plus ! Les pouvoirs publics se refuseront-ils à nous
accorder cette modeste et si pratique réforme ?

AUTRE FEUILLET

DES

CAHIERS DE 1889

RÉFORME DES COURS D'APPEL

CRÉATION DE CHAMBRES D'APPEL COMMERCIAL

Exemple de procès commercial jugé en première, deuxième instance et pourvoi rejeté par la Cour de Cassation.

La loi accorde des primes à la marine marchande et la jurisprudence assomme le commerce maritime qui la fait vivre.

Chevalier et Picard, *négociants-commissionnaires au Havre contre* **Évode Chevalier**, *Rouen, Filateur, Maire à Anceaumeville, Conseiller général de la Seine-Inférieure.*

Jugement et arrêt de Rouen, pièces qui ont figuré au dossier et arrêt de la Chambre des requêtes de la Cour de Cassation.

M. Evode Chevalier *qui n'est nullement parent de Paul Chevalier de la maison Chevalier et Picard* fait avec ces derniers les affaires dont détail dans la correspondance. Au début, il y a bénéfice : Chevalier et Picard payent à Evode Chevalier ce qui lui est dû. Puis il y a perte : Evode Chevalier paye Chevalier et Picard en traites à 90 jours. Ces traites, impayées à leur échéance, sont protestées, d'où, première assignation de Chevalier et Picard au tribunal de commerce de Rouen, transaction faite sur procès, conclue avec le concours des deux avocats agréés. Le premier billet souscrit par M. Evode en vertu de cette transaction est payé, les suivants sont protestés faute de payement; nouvelle assignation de Chevalier et Picard et jugement du Tribunal de Commerce de Rouen, ainsi conçu :

PRÉSIDENCE DE M. E. FERRY

Audience du 7 août 1882.

Attendu que, par exploit en date du 10 juillet 1882, Chevalier et Picard ont assigné Evode Chevalier en payement de 12,099 fr. 40, montant en principal et frais de protêt de quatre billets de 3,000 francs chacun, à diverses échéances, souscrits à leur profit par Evode Chevalier ;

Attendu que Evode Chevalier oppose à cette action une fin de non-recevoir, basée sur les dispositions de l'article 1965 du Code Civil.

En droit :

Attendu qu'aux termes de l'article 1965 du Code Civil, la loi n'accorde aucune action pour une dette de jeu ou le payement d'un pari ;

Attendu que, si les achats et ventes de marchandises ne doivent pas, pour cela seul qu'ils ont été faits à terme, être considérés comme ayant le caractère de jeu, ce n'est que lorsqu'il est d'ailleurs démontré que les marchés s'appliquent à des opérations sérieuses ;

Que, spécialement, l'exception de jeu ne peut être opposée au commissionnaire, mais seulement à la condition que les opérations auxquelles il a prêté son entremise ont été suivies de livraisons effectives ;

Attendu que, si les marchés à découvert faits entre négociants vendeurs et acheteurs respectifs ne sont pas prohibés par la loi et doivent recevoir leur exécution, ce n'est qu'autant qu'il l'auront été avec intention de la part des parties contractantes de les exécuter par la tradition réelle et effective des marchandises aux époques convenues pour la livraison ;

Attendu que, au cas où il apparaît clairement que dans la commune intention des parties le marché conclu n'était qu'un jeu déguisé et devait se résoudre en un payement de différence, ce marché à livrer, indigne de la protection des lois, doit subir la rigueur des dispositions de l'article 1965 du Code Civil ;

Attendu qu'il suffit d'établir la volonté originaire des parties de résoudre nécessairement en différence les marchés à termes contractés, pour faire décider qu'ils constituent dès lors des opérations de jeu et qu'ils sont de la nature de ceux que la loi prohibe ;

Attendu que, le caractère illicite qui affecte l'ensemble des opérations faites par un commissionnaire pour le compte de son client n'est pas couvert par l'arrêté de compte avec l'approbation de la reconnaissance spéciale de la dette ;

Qu'en matière de dettes de jeu, pour lesquelles la loi refuse une action au créancier, il importe peu que le débiteur ait transigé avec le créancier sur le chiffre de la dette ;

Que cette transaction, qui ne peut avoir d'effet rétro-actif sur la cause de la créance entachée dans son principe et dans son origine d'une nullité d'ordre public, ne saurait empêcher le débiteur d'opposer au créancier l'exception résultant de cette nullité ;

Attendu que, de ces principes consacrés par la jurisprudence, il ressort qu'il incombe à Evode chevalier de justifier que les opérations par lui faites avec Chevalier et Picard n'étaient pas sérieuses, et que, au cas où il ferait cette démonstration, la transaction du 24 janvier 1882 deviéndrait *ipso facto* nulle et de nul effet.

En fait :

Attendu que, les relations entre Chevalier et Picard et Evode Chevalier peuvent être divisés en deux périodes bien tranchées ;

La première, de mai à décembre 1876, la seconde de décembre 1879 à la date de l'assignation qui a saisi le tribunal ;

Attendu que, les parties ne disent pas avoir eu de rapports commerciaux dans l'intervalle de temps qui a séparé les deux périodes ci-dessus indiquées ;

Attendu que, dès l'origine de la première phase, Chevalier et Picard ont su pertinemment qu'ils allaient traiter des affaires pour le compte d'un cultivateur à Anceaumeville, nullement négociant, ni industriel patenté, qui opérait alors en compte à demi avec un employé d'une maison de Rouen, pour lequel ils avaient précédemment fait des contrats ;

Attendu que, si en 1876, la spéculation a uniquement servi d'aliment aux relations des parties, il est juste de reconnaître que les lots de coton qui en ont été l'objet ont été spécialisés, que Chevalier et Picard ont indiqué les marques et les numéros des balles qui les composaient, et qu'ils ont fait connaître à Evode Chevalier le nom des navires qui les apportaient ;

Que, encore bien que ces affaires, pour la réalisation desquelles on avait fait miroiter la perspective d'un bénéfice de 10/00 sans bourse délier, se soient soldées par des différences, sans qu'une seule balle de coton eût jamais été livrée, il y a dans ces faits des agissements dont il aurait été intéressant de rechercher la portée, si les comptes de cette époque n'avaient été réglés et n'étaient pas, par suite, en dehors de la contestation aujourd'hui pendante ;

Attendu qu'alors, loin de perdre de l'argent dans les spéculations, Evode Chevalier en avait, au contraire, gagné ;

Que les conséquences à son profit lui avaient été versées, et qu'il n'y a pas eu à tenir état de cette première période, lorsqu'ont été établis les comptes qui ont donné lieu à la transaction du 24 janvier 1882, dont l'inexécution a suscité l'action de Chevalier et Picard ;

Attendu que, la prudence relative qui avait présidé aux relations de 1876 paraît avoir été, dès le premier jour, abandonnée quand celles de la seconde période ont pris naissance en décembre 1879 ;

Que la volumineuse correspondance des parties révèle une ardeur fiévreuse et toujours croissante, pour des opérations absolument aléatoires ;

Attendu que, au lieu d'acheter pour revendre ensuite, comme en 1876, le premier acte de Chevalier et Picard, le 9 décembre, est de vendre pour le compte de Evode Chevalier 200 balles de coton, terme sur avril ; 200 balles, terme sur mai, et 200 balles, terme sur juin, commençant ainsi une campagne à la baisse et prophétisant qu'elle ferait certainement gagner, après 40/00 de hausse ;

Que deux jours après, le 11 décembre, Chevalier et Picard demandent à Evode Chevalier s'il veut aller au-delà de 1.800 balles, afin qu'ils fassent leurs proportions échelonnées ;

Attendu que ce début éclaire d'un jour non douteux ce que la cour de Cassation, dans son arrêt du 1er avril 1856, a entendu indiquer par « effet de la volonté des parties » ;

Attendu que cette vivacité d'allures, loin d'être un fait isolé, n'est que le prélude d'un système arrêté, d'après les plans proposés par Chevalier et Picard, et dont l'exécution se déroule avec une continuité que rien ne viendra lasser... ;

Attendu, en effet, que non contents d'opérer au Havre dès le 12 décembre, Chevalier et Picard annoncent avoir vendu à Liverpool pour le compte de Evode Chevalier 600 balles à terme et à découvert ;

Qu'ils accompagnent cet avis de l'intention de vendre encore 600 balles de plus en cas de nouvelle baisse ;

Que le 14 décembre, ils présentent à Evode Chevalier un plan consistant toujours à vendre, sans parler de faire de couvertures ;

Attendu que, ce même jour 14 décembre, par une seconde lettre, ils informent Evode Chevalier qu'ils viennent de télégraphier à New-York l'ordre de vendre au mieux pour lui 600 balles de coton à terme, affaire dont ils lui notifient le lendemain la réalisation ;

Que c'est le 31 mars 1881 que, pour la première fois, Chevalier et Picard annoncent à Evode Chevalier un achat pour son compte, en vue de couvrir les engagements sur avril, et qu'ils lui disent qu'ils vont continuer la couverture du découvert ;

Que, le 10 et le 14 avril, ils donnent, en effet, suite à leurs intentions en écrivant à leur client que « cela va bien » ;

Attendu que c'est à partir du 29 avril que Chevalier et Picard commencent à envoyer à leur client les factures relatives aux opérations soldées ; mais qu'il est à remarquer que ces factures, sans indication de navires, ni de marques, ni de numéros, ni de détail de poids, ni souvent de tares en bloc, coïncident régulièrement avec le compte de vente auquel elles correspondent ;

Que ces factures, basées sur des poids ronds, ou sur des totaux qui se répètent pour des quantités équivalentes de balles, ne présentent aucun caractère sérieux, et qu'elles ne sont, en aucune façon, construites comme celles qui sont habituellement délivrées lorsqu'il s'agit d'opérations sérieuses, ayant donné lieu à des livraisons effectives ;

Attendu, d'ailleurs, que Chevalier et Picard tirent eux-mêmes la moralité de ces opérations en indiquant le bénéfice par lequel elles se balancent ;

Que vainement, après cela, pourraient-ils venir prétendre qu'il n'était pas dans la commune intention des deux parties de ne se livrer qu'à des jeux de Bourse réglés par des différences ;

Qu'il est évident qu'il n'a jamais été question de recevoir une seule livraison, d'expédier ou de passer en magasin quoi que ce fût des marchés, qui au surplus, dans les premiers mois surtout, avaient tous pour objet des ventes avant de concerner des achats ;

Attendu que les signes distinctifs élevés au début des relations des parties sont ceux qui n'ont cessé d'accompagner celles qu'ils ont entretenues jusqu'au jour de la rupture ;

Que, le 11 mai 1880, Chevalier et Picard insistent auprès de Evode Chevalier non pour qu'il prenne livraison de marchandises qu'il a à recevoir, mais bien pour qu'il encaisse un bénéfice tentant ;

Qu'ils lui exposent en même temps un plan par suite

duquel il gagnerait encore quelque chose, sauf à recommencer à se mettre à la hausse ;

Que, le 13 mai 1880, Chevalier et Picard, parlant à Evode Chevalier d'une vente de Liverpool, lui signalent qu'au lieu de recevoir de l'argent de lui, ils espèrent avoir à lui en rendre beaucoup ;

Qu'il jaillit de chaque ligne écrite par Chevalier et Picard que leur esprit est constamment tendu sur les résultats d'un jeu de Bourse, et non sur la réalisation d'affaires sérieuses ;

Attendu que, pénétrés de cette pensée, Chevalier et Picard envoient à Evode Chevalier, le 9 juin, ce qu'ils qualifient eux-mêmes de compte de résultat à 200 balles juin, se soldant en faveur de leur client par un bénéfice ;

Que leur lettre du 8 juillet a le même but, dans des termes identiques ;

Qu'on retrouve encore ces expressions sous leur plume le 12 août ;

Attendu que le 23 août voit inaugurer les reports sur terme, avec bénéfice ; qu'en engageant Evode Chevalier à entrer dans cette voie, Chevalier et Picard lui font remarquer que cinq francs sont bons à prendre pour prolonger l'opération ;

Que la pensée dominante de Chevalier et Picard de régler par différences, apparaît encore le 4 novembre 1880, et que, conséquents avec eux-mêmes, ils disent bien le 12 du même mois, qu'appelés en livraison de cinquante balles, ils viennent de les revendre ;

Attendu que le 22 novembre 1880 commencent les ventes de coton sur filières, ventes qui, faites pour le compte d'un cultivateur, sauraient difficilement affecter le caractère d'une opération sérieuse ;

Attendu que, dans toutes les lettres qui suivent, il n'est question que de ventes à découvert et des résultats à attendre ;

Attendu, cependant, que le 29 janvier 1881, désireux de donner un plus grand essor à leur chiffre d'affaires avec Evode Chevalier, Chevalier et Picard, lui faisant observer qu'il a de la chance avec eux, lui proposent maintenant de vendre du saindoux, qui est fort cher, et d'acheter du coton qui montera, et qu'ils le sollicitent de leur donner des ordres qui devront donner du bénéfice sur les deux opérations ;

Attendu que l'effet de cette invitation ne se fait pas attendre, puisque le 10 février Chevalier et Picard peuvent annoncer à leur correspondant qu'ils ont vendu pour son compte, sur 5 avril un total de 1,000 tierçons saindoux, mais que, sans se borner à cela, ils lui suggèrent encore la pensée de faire une nouvelle vente de saindoux à terme contre un achat de coton, également à terme, ce qui ne saurait manquer de produire un bon résultat ;

Attendu que, le 4 février, sur la liberté que leur en laisse Evode Chevalier, ses commissionnaires l'avisent qu'ils vont donner cours à leur plan ;

Que c'est à ce moment précis que doit se trouver le point culminant du consentement réciproque des parties, si l'on s'en rapporte aux termes de la lettre qu'adressent le 9 février Chevalier et Picard à Evode Chevalier, auquel ils écrivent: « Vous ne nous devez aucun « remercîment. Vous nous payez de bonnes commis- « sions pour nos soins. Il est très-naturel que nous agis- « sions de façon à justifier votre confiance et à faire du- « rer la chose, avec le système des moyennes ; quand « on est capitaliste comme vous ; on réussit toujours » ;

Attendu qu'à la suite de ces paroles pleines de merveilleuses promesses, la correspondance fourmille d'avis d'achats, de ventes et de reports ;

Qu'en mars 1881, Chevalier et Picard, pour réconforter Evode Chevalier, lui disent qu'il ne faut pas s'inquiéter si, pour un ou deux mois, on est momentanément du mauvais côté avec pertes, lui faisant entrevoir que les mois sur lesquels on a reporté devront couvrir ces pertes et que, comme bénéfice, on aura les mois sur lesquels on était du bon côté.

Attendu qu'après avoir demandé à Evode Chevalier l'ordre d'acheter du saindoux, pour éviter un étranglement, Chevalier et Picard lui réclament, le 22 avril, des couvertures en argent, ajoutant, d'ailleurs, que grâce aux reports, ils auront à lui rendre cet argent;

Qu'il y a là encore un signe manifeste de l'intention où étaient les parties de ne procéder qu'à un jeu de Bourse;

Que cette demande était bientôt suivie de l'émission de filières, avec accompagnement de reports, qui étaient donnés comme avantageux ;

Attendu qu'on ne saurait citer une preuve plus éclatante du tempérament des parties en présence que celle qui figure dans une lettre du 28 mai 1881, où Chevalier et Picard déclarent que l'étranglement est complet, mais, sans se laisser abattre ni décourager par l'adversité, conseillent, pour recouvrer les pertes, de vendre hardiment le double d'éloigné ;

Qu'en effet, les achats et les reports continuent à s'effectuer avec une activité incessante, et qu'on est tellement décidé à ne jamais prendre livraison que le 16 juin, Chevalier et Picard disent que s'ils ne pouvaient atteindre un certain prix dans un délai déterminé, ils vendraient à l'arrivée de la filière au mieux ;

Attendu qu'à cette époque la vente sur filière devient le mode préféré et largement usité par les parties, et qu'elles basent leur espoir sur l'éloignement des rentrées de ces filières ;

Que ce n'est, enfin, que le chiffre des pertes subies et les difficultés éprouvées par Evode Chevalier à faire face à ses engagements qui viennent mettre un terme au jeu effréné, qui a été conduit pour son compte ;

Attendu que toutes les opérations qui viennent d'être rappelées ont le caractère le plus nettement accusé du jeu pour lequel la loi n'accorde aucune action en justice ;

Attendu, au surplus, que les parties ont pris soin elles-mêmes de bien marquer la différence qui existe entre une opération de jeu et une affaire sérieuse ;

Que, le 7 avril 1880, Chevalier et Picard offrent à Evode Chevalier un lot de maïs bigarré, état sain, et que le 9 avril celui-ci s'en fait expédier 100 sacs en gare de Monville ;

Que la facture de ces 100 sacs lui parvient le 11 avril, et que dès le 14 il en effectue le payement ;

Attendu que le 7 juillet suivant il est fait par Chevalier et Picard à Evode Chevalier une nouvelle expédition de 50 sacs de maïs dont le prix est immédiatement compensé le lendemain 8, dans un règlement de compte ;

Attendu qu'au cours des relations entre les parties il se trouve encore une affaire qui, si elle avait été conclue, aurait été à classer dans la catégorie des marchés sérieux, mais qu'on peut s'étonner à bon droit que, le jour où Evode Chevalier demanda à Chevalier et Picard l'achat et l'envoi de 10 balles de coton à l'adresse de sa filature, ses commissionnaires au Havre, qui traitent journellement pour lui des quantités considérables de cette marchandise, lui répondent le 17 septembre 1880 qu'ils s'empresseront d'acheter et d'expédier les 10 balles dès qu'ils sauront ce qu'il faut, mais que, comme il y a des cotons depuis 57 fr. jusqu'à 100 fr., leur perplexité est grande ;

Attendu que ces derniers faits viennent, pour ainsi dire, illuminer les relations entre les parties et marquer avec éclat la différence qu'elles faisaient elles-mêmes entre leurs spéculations quotidiennes et une affaire sérieuse, qui était pour elles exceptionnelle ;

Attendu que, vainement Chevalier et Picard invoquent-ils les dispositions de l'article 1134 du Code Civil, et la reconnaissance que Evode Chevalier a passée de sa dette envers eux par la transaction qu'il a signée à la date du 24 janvier 1882 ;

Que si les conventions légalement formées tiennent lieu de loi à ceux qui les ont faites, elles peuvent être révoquées pour les causes que la loi autorise ;

Attendu que, aux termes de l'article 1965 du Code Civil, la loi n'accorde aucune action pour une dette de jeu ;

Que l'article 1133 du même Code dispose que la cause est illicite, quand elle est prohibée par la loi ;

Et que l'article 1131 édicte que l'obligation sur une cause illicite ne peut avoir aucun effet ;

Qu'il ressort de là que la transaction invoquée ne peut avoir d'effet rétroactif sur la cause de la créance, entachée dans son principe et dans son origine d'une nullité d'ordre public ;

Attendu que, si la justice a pour mission de veiller à la scrupuleuse application de la loi, il ne lui est pas interdit de flétrir publiquement la conduite des hommes éhontés qui, lorsque l'adversité les frappe, cherchent dans la protection de la loi un refuge contre leur propre faiblesse ;

Qu'il est constant que Evode Chevalier, au mépris de tout sens moral, a encaissé des bénéfices réalisés par lui sur des opérations de jeu faites pour son compte, par l'entremise de Chevalier et Picard ;

Qu'il est non moins constant qu'il n'a restitué à Chevalier et Picard qu'une très-faible partie de ce qu'il avait reçu d'eux, mais que cette pratique blâmable est à l'abri de toute sanction pénale ;

Par ces motifs :

Le tribunal, statuant en premier ressort.

Accueille l'exception de jeu opposée par Evode Chevalier à l'action de Chevalier et Picard ;

Déboute Chevalier et Picard de leur demande, et les condamne en tous les dépens.

Le jugement que nous venons d'analyser ayant été frappé d'appel par nous, la Cour de Rouen a rendu, le 13 août 1883, l'arrêt dont la teneur suit :

Arrêt de la Cour de Rouen.

PRÉSIDENCE DE M. COUVET

Audience du 13 *août* 1883.

Attendu que le dispositif de la décision rendue par le Tribunal de Commerce de Rouen est également justifié, soit par l'exposé même des faits sur lesquels le premier juge s'appuie pour accueillir l'exception de jeu, soit par les déductions qui se rattachent aux questions de droit soulevées par les parties et aux principes servant à les résoudre ;

Que la Cour, en reconnaissant juridiques et *fondés les arguments de fait* et les moyens de droit du jugement qui tendent à cette solution, doit nécessairement et par là même adopter en ce et confirmer, ainsi qu'il y est conclu, la sentence qui lui est déférée ;

Qu'il est, en effet, constaté par le jugement, d'accord sur ce point avec les éléments du débat et les documents de la cause, que les prétendus comptes et marchés de coton et de saindoux ou autres invoqués par Chevalier de Coninck ès-noms contre Evode Chevalier n'étaient pas des opérations sérieuses, qu'il n'y avait là de la part de ce dernier qu'un jeu effréné où il se jetait aveuglément et où Picard et Chevalier, alors commissionnaires au Havre, l'entraînaient de leur côté par leurs conseils, par leurs excitations intéressées et par leur participation active ;

Que le caractère fictif de ces affaires sans base réelle ne pouvant et ne devant pas aboutir à des livraisons ni à des paiements effectifs était à l'entière connaissance des intéressés ; que les négociations et les engagements ne s'y formaient d'une commune entente qu'en vue d'un paiement de différences et s'y ramenaient exclusivement.

Que peu importe d'ailleurs, ou qu'il ait été indiqué par erreur au jugement, que Chevalier n'était pas patenté, ou encore que sur des points accessoires et secondaires quelques critiques de détail et sans importance puissent être tentées de part et d'autre contre les affirmations produites ; que ces critiques, même admises, demeurent sans portée sur le fond du débat et n'infirment en rien notamment cette conclusion que Picard et Chevalier connaissaient la véritable situation d'Evode Chevalier ; qu'il n'échet par suite de s'y arrêter autrement.

En ce qui est relatif à la transaction :

Attendu qu'il n'y a là ni demande nouvelle, ni même moyen nouveau et que la fin de non recevoir en l'état ne saurait se soutenir ; que l'objection a déjà été appréciée par le premier juge et que le jugement y fait une réponse à tous égards justifiée et décisive ;

Que si l'on refusait de voir dans les marchés prétendus et dans la transaction vantée au procès le titre que vise la loi, alors on ne rencontrerait plus que le fait lui-même et, avec ce fait, une simple reconnaissance de dette et une ratification illusoire aussi vaines et aussi dénuées de valeur juridique que le jeu lui-même et tombant avec lui sous l'application de l'article 1965 du Code Civil ;

Que l'existence d'une transaction au contraire admise et invoquée, il faudrait rejeter également ce moyen des appelants en vertu des principes qui ne permettent pas de couvrir par une transaction le vice d'une dette de jeu dont il est interdit aux parties de poursuivre en justice le recouvrement ;

Que, voulût-on mieux encore, dans l'espèce, repousser l'application de ces principes, la transaction devrait être en outre écartée par l'effet des articles 2052 et 2054 du Code Civil ;

Que la prétendue transaction ne remplit même pas, de ce chef, les conditions essentielles pour sa validité, qu'elle paraît se référer, dans son texte, clair et précis, à un règlement dont il s'agit de déterminer le mode et de fixer les époques et qu'elle trouve dans cette seule nécessité une explication acceptable et suffisante ; que ni les termes dans lesquels elle est conçue, que ni même les documents complémentaires versés au débat n'apportent la justification formelle et obligée que les parties aient expressément traité sur la nullité ;

Que les objections dérivant de ce qu'il n'y aurait pas de rescision admissible contre ce qui serait une erreur de droit sont à écarter par les considérations déjà présentées, qu'elles se trouvent en outre formulées en dehors de l'action réduite aux seuls éléments de fait et à la seule exception de jeu qui se rencontrent dans la cause et dont il y avait à tenir état ;

Attendu, quant à la création et au payement partiel de traites invoqués par les appelants que les auteurs et la jurisprudence s'accordent à reconnaître qu'on ne saurait voir là le payement en vue duquel a été édicté l'article 1235 du Code Civil, qu'en fait le moyen manque de base.

Sur l'expertise conclue : Que la preuve et la certitude existant dès à présent et notamment quant au caractère fictif des opérations, il n'y a lieu d'ordonner un errement, par suite inutile et sans objet sur les dépens et les droits d'enregistrement, le cas échéant, attendu que es droits sont en principe à la charge de la partie qui invoque et produit l'acte soumis à la formalité, mais que le principe ainsi rappelé, il n'échet quant à présent de s'arrêter autrement à la demande d'Evode Chevalier, au-delà et pour le surplus non justifié : Pour les dépens qu'ils sont à la charge de la partie qui succombe ;

Attendu qu'il est ainsi répondu et fait droit aux conclusions prises.

Par ces motifs, la Cour, parties ouïes et M. l'avocat général, dit qu'il n'y a lieu d'ordonner l'expertise conclue ; — que les prétendues opérations d'achat et de vente par intermédiaire de Chevalier et Picard n'ont constitué que des opérations fictives et un véritable jeu ;

Que l'exception de l'article 1965 a pu être opposée juridiquement par Evode Chevalier ;

Que la reconnaissance de dette et la transaction ont été viciées de la même nullité que la dette elle-même.

Qu'il n'y a lieu d'appliquer l'article 1235 du Code Civil et en tout cas qu'il n'apparaît pas et qu'il n'est pas justifié que les parties aient expressément traité sur la nullité et que même l'acte produit y est contraire.

Confirme le jugement en ce qu'il a de concordant avec le présent arrêt ; — condamne Chevalier de Coninck ès-noms aux dépens et à l'amende.

Plaidant : pour MM. Chevalier et Picard, M⁰ Marais ; pour M. Evode Chevalier, M⁰ Homais ; conclusions conformes de M. Richard, avocat général.

*
* *

Préface du mémoire que j'ai adressé à la Cour de Cassation en appel de cet arrêt.

« Je prie mon avocat de bien vouloir déposer le dossier complet chez M. le conseiller-rapporteur ; il est volumineux, mais les pièces étant répertoriées, la vérification des faits que j'avance sera facile. Je m'occupe de la question de faits, parce que dans ce procès, elle a son importance, et je laisse à mon avocat le soin de mettre en relief les questions de droit.

« *Je ne proteste pas contre la loi, qui doit être respectée, quelle qu'elle soit*, JE PROTESTE CONTRE L'APPLICATION QUI M'EN EST FAITE.

« Si le juge a, dans mon cas, le droit de me faire passer sous les fourches caudines de l'article 1965, je ne vois pas pourquoi, de déduction en déduction, on ne me conduirait pas en prison ou à l'échafaud, après m'avoir pris mon avoir. Un juge a-t-il le droit, de baser ses considérants sur des faits qu'il sait être faux? (Je ne saurais admettre que des magistrats appartenant à une des premières Cours de France, ne sachent pas ce que c'est que des connaissements, des traites documentaires et des polices d'assurances ;) je n'admets pas, dis-je, que le sachant, ce même magistrat puisse dire à la face de Dieu et des hommes qu'il y a marché fictif, ne devant pas aboutir à des livraisons, et règlement fictif, quand il y a pour 850,000 francs de traites documentaires au dossier, quand il y a des *expéditions* de marchandises faites au client !

« Si, en pareille occurrence, la Cour de Cassation s'inspirant précisément de ces faits que je signale, et sur lesquels on lui demande de se taire, ne rendait pas un arrêt *motivé*, je désespèrerais de la justice de mon pays !

« Ce n'est pas, je le répète, un « service » que je demande, c'est un « arrêt ; » s'il m'est contraire, tant pis pour moi, il ne me restera plus alors qu'à faire profiter le commerce français de mon expérience et de mes inexpériences ! »

CONCLUSION

De ce même mémoire envoyé à la Cour de Cassation.

En résumé, si l'on ne veut pas, comme on dit vulgairement, chercher la petite bête, en dénaturant dans la correspondance le sens des expressions les plus usuelles et forcer l'interprétation des textes, on reconnaîtra, d'après ce qui précède, que les grandes lignes de la question sont les suivantes :

Toutes les opérations rentrent dans le cadre suivant :

1° Chevalier et Picard ont acheté 992 balles coton (pièces n° 2 et 3) à Bombay et les ont, suivant pièces justificatives, livrées sur quai au Havre aux ayant-droit d'Evode Chevalier, marchandise par conséquent levée à Bombay et sur quai au Havre.

(Affaire d'importation.)

2° Ils ont acheté et revendu du terme coton que la filature achète aussi bien en spéculation que pour sa consommation. (Fait justifié par pièce n° 12.)

Ils ont donc acheté du coton qu'il ne tenait qu'à Evode Chevalier d'employer, si tel avait été son bon plaisir.

Levée de marchandise au Havre et livraison au Havre, règlements effectifs suivant pièces justificatives aux fardes des factures. (Affaire de spéculation.)

3° Chevalier et Picard ont acheté et expédié à M. Lecœur et C° en gare de Malaunay 281 balles de coton en août 1881 (pièce n° 7,) filature dont M. Evode Chevalier était administrateur. (Affaire de consommation.)

4° Les opérations ci-dessus ont été faites par des commissionnaires en coton (contrat de société, pièce n° 16) pour compte d'un manufacturier, suivant extrait du rôle des patentes constatant que M. Evode Chevalier exploite pour son compte une filature à Monville, qu'il loue à Auzou et Bergeret une filature à Rouen ; et, de plus, qu'il est administrateur de la société Lecœur et Cᵒ. (Pièces nᵒˢ 7 et 10.)

5° Chevalier et Picard ont expédié en deux fois 150 balles de maïs à M. Evode Chevalier, en gare de Monville. Affaire de consommation.)

La facture de ces deux expéditions a été portée en compte-courant à M. Evode Chevalier.

6° Chevalier et Picard ont vendu à découvert du saindoux sur la place du Havre pour compte de M. Evode Chevalier qui sur l'en-tête de ses lettres, informe ses commettants qu'il fait une spécialité du commerce de la cochonnade (pièce nᵒ 5,); pour compte de M. Ev. Chevalier, donné comme négociant par les agences de renseignements.

Ces ventes ont été en grande partie couvertes par des importations suivant pièces justificatives au dossier et dans la correspondance.

3,400 tierçons de saindoux ont été de la sorte importés de New-York au Havre.

Donc levée de marchandises à New-York et livraison au Havre aux époques convenues pour la livraison, en application des ventes faites d'avance. (Commerce d'importation.)

Donc pas de marchés fictifs mais exécution en fait des marchés par la tradition réelle et effective des marchandises aux époques convenues pour livraison suivant principe de droit posé par le Tribunal lui-même.

7° Pièces justificatives des règlements comme suit (Pièces nᵒ 2 et 3 :)

Certificats de règlements par sommes et appoints pour les affaires à terme coton et saindoux.

Traites documentaires payées pour plus de 850,000 fr. en contre valeur des importations coton et saindoux. (Pièces nᵒ 2 et 3.)

Donc pas de règlements fictifs.

8° Toutes ces opérations ont pour résultat direct et indirect d'amener au Havre de la marchandise qui n'y serait pas venue, si Evode Chevalier n'avait pas fait les susdites affaires.

Donc le caractère sérieux des opérations faites ne saurait être contesté, quand elles ont pour corollaire de donner du fret à notre marine marchande, et d'aider à soutenir, en y amenant de la marchandise, un entrepôt national, contre la concurrence d'Anvers, Brême, Gênes, etc.

9° Ces affaires ainsi faites ayant tourné au pire ne sont pas hors de proportion avec les moyens présumés d'Evode Chevalier, fait qui ressort de l'ensemble des pièces (n° 8) renseignant Chevalier et Picard, autant que faire se peut, sur les probabilités de fortune d'Evode Chevalier : je citerai notamment lettre de M. Remezy du 19 novembre 1881 en ces mots : le maximum que M. Evode Chevalier pourra offrir c'est 3,000 fr. par mois. (Pièce n° 11.)

Ces affaires sont d'autant moins hors de proportion avec les ressources de M. Evode Chevalier que rien qu'avec un capital de 300000 fr. et les affaires tournant au pire, Chevalier et Picard ont pu faire face non-seulement aux engagements contractés pour compte d'Evode Chevalier mais encore à ceux qu'ils ont contractés pour compte d'autres clients et pour leur propre compte.

10° Evode Chevalier a empoché les bénéfices et plaidé l'exception de jeu à l'échéance des traites qu'il avait remises en règlement à Chevalier et Picard pour couverture des sommes dues, après avoir reconnu la légitimité de chaque décompte partiel, et le décompte général fait en vertu de la transaction.

11° Le Tribunal de Commerce autorise un patenté à ne pas faire honneur à sa signature, fait qui est attentatoire à l'intérêt du commerce en général en invalidant en quelque sorte l'autorité de la lettre de change.

12° M. Evode Chevalier se déclarant incapable de payer tout de suite, Chevalier, et Picard consentent à atermoyer la créance acceptant les bases fixées par M. Evode Chevalier lui-même (lettre de Remezy du 19 novembre 1881, pièce n° 11) et par ses avocats et hommes d'affaires, d'où :

13° Transaction sur procès.

14° Evode Chevalier qui avait touché 37,948 fr. 60 de bénéfice chez Chevalier et Picard, ne paye qu'un des billets de 3,000 fr. souscrits par lui en exécution de ladite transaction, fait à la suite duquel il serait difficile de prétendre que Chevalier et Picard ont dépassé les moyens réels d'Evode Chevalier, et il replaide le jeu, après avoir transigé sur le droit qu'il croyait avoir de plaider ce moyen une première fois, etc., fait qui ressort de la correspondance de MM. Remezy, Vericourt et Viennot.

15° Cette instance tombé après liquidation de la société Chevalier et Picard alors que le liquidateur de ladite société a contracté des obligations et des risques nouveaux vis-à-vis de tiers. (Pièces n° 16.)

P. Chevalier.

*
* *

Cet extrait n'est que le résumé de mon mémoire, il ne réfute donc qu'incomplétement le jugement et l'arrêt de Rouen, ces pièces sont déjà tellement volumineuses que je ne puis publier aujourd'hui en entier le mémoire imprimé que j'ai adressé à la Cour de Cassation, il m'en reste quelques exemplaires, que je tiens jusqu'à épuisement à la disposition des personnes qui voudraient voir ma réfutation de Rouen article par article.

*
* *

**Lettre écrite le 10 Novembre à M. Delise, conseiller à la
Cour de Cassation, rapporteur :**

« Je prends la liberté, Monsieur, de vous adresser avec
la présente lettre, le mémoire que j'ai fait imprimer à
la suite du jugement et de l'arrêt de Rouen.

« *Je consens à perdre mon procès si vous trouvez inexact
un seul des faits que j'avance.*

« Comme j'ai eu l'honneur de vous le dire, je suis à
vos ordres pour vous donner toutes explications que
vous pourriez désirer.

« Depuis 25 ans que je suis dans les affaires, j'ai eu
quelques procès ; j'ai gagné les uns, perdu les autres,
je n'en ai jamais vu d'égal à celui que je soutiens là.

« Un juge du Tribunal du Havre, (mon propre beau
frère) a perdu son procès au Havre plaidant contre une
maison étrangère !

« A Rouen, l'avocat de mon adversaire a plaidé pen-
dant une demi-heure sur la Seine-Inférieure et sur la
Seine Maritime, sans que le Président lui ait fait une
seule observation sur l'inconvenance d'un pareil
moyen !

« Si ces Messieurs m'avaient fait un jugement raide
mais droit, je n'aurais rien dit.

« Au lieu de cela on dit des contre-vérités (erreurs dit
la Cour), le terme, les ventes à découvert, sont sérieux,
excusables à Rouen, illicites au Havre.

« Pour éviter des procès d'exception de jeu à Rouen
sur tissus etc., on flétrit celui qui plaide le jeu, (voir le
jugement), et pour faire échec à l'entrepôt du Havre on
tombe les affaires qu'on y fait !

« La question que vous avez à examiner aujourd'hui
n'est pas seulement celle de Chevalier contre Evode.

« La Cour de Cassation dira du même coup si l'entrepôt du Havre peut être supprimé à coups de jugements par des juges de Rouen, car les affaires faites, c'est la monnaie courante des affaires du Havre.

Veuillez agréer, »

P. Chevalier.

*
* *

Lettre écrite le 29 Novembre à M. Chevrier, avocat général près la Cour de Cassation.

« J'apprends, Monsieur, que le dossier Chevalier contre Evode vous a été remis.

« Vous y trouverez des traites documentaires, je vous serais reconnaissant de vouloir bien apprécier la formule d'acceptation de ces traites.

» Accepté pour la somme de... payable... contre remise du connaissement et de la police d'assurances. » Si donc je produis ces traites acquittées, je les ai payées; si je les ai payées j'ai pris livraison de la marchandise puisque je ne peux le faire sans avoir le connaissement. Venir me dire, en pareil cas, qu'il y a règlement et marché fictif, c'est absolument comme si on vous disait qu'un personnage dont vous produiriez l'acte de naissance et l'acte de décès a été un personnage fictif !

« Je vous prie d'excuser, Monsieur, la liberté que je prends de vous écrire et d'agréer... »

P. Chevalier.

CHAMBRE DE COMMERCE DU HAVRE

A Monsieur le Ministre du Commerce.

Havre, le 21 janvier 1884.

Monsieur le Ministre,

Depuis plus d'une année une grave question commerciale, qui intéresse au plus haut degré la sécurité de nos marchés d'importation, en même temps que l'honorabilité de nos négociants, est en instance devant le Parlement : je veux parler de la question des affaires dites à *terme*, qui comprennent toutes les transactions commerciales, nombreuses et diverses, comportant achats ou ventes de marchandises quelconques, livrables à des dates que déterminent les conventions commerciales intervenues de bonne foi entre vendeurs et acheteurs.

Or, ces transactions loyales, qui ne sont, en somme, que de la prévoyance commerciale et industrielle, et qui, par cela même, jouent un rôle nécessaire, indispensable, dans le fonctionnement économique du pays, ces transactions, disons-nous, se trouvent constamment sous le coup de l'article 1965 du Code Civil, qui permet à un acheteur *en perte* d'invoquer l'exception de jeu pour ne pas tenir ses engagements.

Pour mieux préciser cette importante question, permettez-moi, Monsieur le Ministre, de résumer en quelques mots la situation actuelle de nos marchés, au point de vue des affaires à terme.

Naguère encore, quand les communications rapides : dépêches télégraphiques et transports à vapeur n'existaient pas encore, ou n'étaient utilisées qu'exceptionnellement, les marchandises arrivaient par voiliers, et n'étaient vendues qu'après avoir été vues et agréées par les acheteurs. Mais, avec les transports à grande vitesse et l'utilisation commerciale, de plus en plus large, des dépêches continentales et transatlantiques, les usages commerciaux élémentaires dont nous venons de parler ont rapidement fait place à des méthodes plus complexes, plus difficiles, dont la pratique exige aujourd'hui une étude très-sérieuse, et des connaissances économiques beaucoup plus étendues que généralement on ne se l'imagine : aujourd'hui, chaque maison d'importation un peu importante centralise journellement, dans ses bureaux, les renseignements commerciaux télégraphiques qui parviennent de tous les principaux centres d'affaires du monde, et ses opérations résultent d'examens complexes, qui, souvent, embarrasseraient fort ceux qui ne voient dans le commerce national, ainsi entendu, que des ventes et des achats vulgaires.

Ainsi l'importateur de cotons, traitant convenablement une affaire, doit connaître l'état de l'industrie cotonnière en France, la position des marchés régulateurs anglais : Liverpool et Manchester ; il connaît également l'État des récoltes aux États-Unis et aux Indes, la valeur des stocks en Europe, et les quantités en mer, en cours d'expédition ; le tout, je le répète, jour par jour.

Le négociant en cafés centralise et condense des renseignements analogues, en tenant compte d'une production plus ou moins considérable au Brésil, aux Indes, aux Antilles, etc. ; des mouvements des grands marchés régulateurs du Havre et de New-York, des stocks généraux, et des besoins d'une consommation qui est devenue colossale.

Il en est de même des autres articles, et je n'ai pas besoin d'insister pour faire apprécier le rôle considérable que jouent, dans la vie économique du pays, nos négociants importateurs : nos grands marchés, nos entrepôts, notre marine marchande, nos chemins de fer, sont là pour répondre.

Or, Monsieur le Ministre, ce qui préside à ces opérations parfois colossales, ce n'est pas seulement l'argent : c'est surtout l'honnêteté, la loyauté absolument nécessaires dans toutes conventions commerciales échangées par voie télégraphique. Malheureusement cette loyauté, cette honnêteté de notre commerce n'est nullement protégée par la loi : les importateurs dont je parlais tout à l'heure, en centralisant à grands frais des renseignements de tous les points du monde, peuvent ainsi offrir au commerce, à la consommation de l'intérieur du pays des produits multiples, à des prix que la concurrence a rendu aussi réduits que possible ; ces marchandises sont, ou disponibles en entrepôts, ou livrables à une date déterminée ; celles-ci se partagent en marchandises en mer, dites « flottantes », et grâce aux renseignements télégraphiques centralisés dont je parlais tout à l'heure, en marchandises vendues sur dépêches transatlantiques, des marchés d'outre-mer ou des pays de production, sur une désignation commerciale répondant à un type connu, et qui permet la revente immédiate, dans la même journée quelquefois, de cette même marchandise à un commerçant ou consommateur de Paris, de Lyon, etc. ; cette marchandise, bien entendu, est forcément livrable à une époque à venir, à un *terme* qui est fixé d'un commun accord. Sans y insister davantage, vous voyez ici, Monsieur le Ministre, les différents cas de ces contrats ou *marchés, à termes* plus ou moins rapprochés, plus ou moins éloignés.

Que maintenant, quel que soit le terme, un baisse survienne : L'acheteur excipe simplement de l'art. 1965 du Code Civil, en invoquant l'exception de jeu ; et c'est l'importateur honnête, qui a engagé sa fortune dans le commerce national, qui a passé ses veilles à calculer, à peser les chances aléatoires, les risques inconnus, qui se trouve frappé par la loi ! Il avait tout prévu, hormis ce cas de la justice donnant raison à l'acheteur de mauvaise foi, arguant de l'exception de jeu pour faire exception d'honneur à sa signature !

Telle est la situation M. le Ministre, et elle est fort grave. Les affaires les plus loyales, les plus importantes, sont ainsi toujours menacées, constamment tenues en suspicion, et l'importateur le plus consciencieux, le plus honorable, se trouve, par le fait de l'application de l'art. 1965 aux affaires à terme, à la merci de tous les fripons, de tous les véritables joueurs, qui, chose étrange, sont ici spécialement protégés par la loi !

De très-honorables et très-importantes maisons du Havre ont été ainsi frappées dans ces derniers temps, par une jurisprudence injustifiable, contre laquelle, dans l'intérêt de la morale publique, de la fortune nationale, on ne saurait s'élever avec trop d'énergie.

Il est urgent qu'il soit mis fin à un semblable état de choses, et, résumant ce qui précède, la Chambre de commerce du Havre vous prie instamment, Monsieur le Ministre, de faire mettre à l'ordre du jour d'une des plus prochaines séances du Parlement le projet de loi de M. Naquet, déjà adopté en première délibération le 17 Mars 1883, projet de loi ainsi conçu :

« ART. Iᵉʳ. L'article 1965 du Code Civil n'est pas appli-
« cable aux actions en paiement en raison d'obligations
« résultant de marchés à terme et à découvert ;

« Art. II. Sont abrogés les articles 421 et 422 du Code
« Pénal. »

Veuillez agréer, Monsieur le Ministre l'expression de mon profond respect ;

Le Président de la Chambre de commerce du Havre,

Pour copie conforme :

Signé : F. MALLET

Article extrait in extenso du journal « le Droit » du 27 Décembre 1884. Cour de Cassation, (Chambre des requêtes.)

PRÉSIDENCE DE M. LE PRÉSIDENT BÉDARRIDES.

Audiences des 17 et 29 décembre 1884.

JEU. — PARI. — MARCHÉS A TERME. — MARCHANDISES. — MARCHÉS FICTIFS. — APPRÉCIATION SOUVERAINE. — TRANSACTION. — ORDRE PUBLIC. — NULLITÉ.

« La question de savoir si des marchés à terme sur mar- chandises constituent des opérations réelles, sérieuses

et licites, ou, si au contraire, ils n'ont servi qu'à déguiser des jeux et paris illicites (article 1965, Code Civil), ne peut jamais être qu'une question de fait, d'intention, de circonstances, tranchée définitivement et souverainement par les juges du fond. »

« En vain chercherait-on dans leur décision même, la preuve fournie par eux-mêmes que ces opérations aboutissent à des livraisons réelles et à des paiements effectifs ; en vain aussi alléguerait-on qu'ils n'ont relevé aucune disproportion entre l'importance des marchés et la fortune de celui qui oppose l'exception de jeu. Il suffit pour échapper à la censure de la Cour de Cassation que l'arrêt attaqué déclare « que les prétendues opérations d'achat et de vente n'ont constitué que des opérations fictives et un véritable jeu. »

« Il appartient aux juges du fond seuls d'interpréter le sens, le but et la portée d'une transaction. »

« En tous cas, l'exception de jeu ne peut être écartée par une transaction intervenue entre les parties, une transaction ne pouvant avoir pour effet de couvrir le vice originaire d'une créance entachée, dans son principe et dans son origine, d'une nullité d'ordre public. »

« Ainsi jugé, par le rejet, après délibéré en Chambre du conseil, du pourvoi formé par M. Chevalier de Coninck, ès-nom, contre un arrêt rendu par la Cour d'appel de Rouen, le 13 août 1883, au profit de M. Evode Chevalier.

M. Delise conseiller rapporteur ; M. Chevrier avocat général (*conclusions contraires*). »

* *

Je ne me permettrai pas de remercier M. le Rapporteur et M. l'avocat général, qui, après avoir défoncé mon dossier, ont conclu *énergiquement* (je ne crains pas d'être contredit) en faveur de la prise en considération de mon pourvoi ; je croirais faire injure à ces magistrats puisqu'en le faisant, ils n'ont que rempli leur devoir.

Je tirerai néanmoins de ce fait la conclusion qu'au point de vue des deux magistrats qui avaient étudié mon affaire, la loi n'était pas bien appliquée, et que, d'après eux, mon procès était susceptible d'être jugé différemment et révisé.

La Chambre des requêtes n'a pas été de leur avis : cela revient à dire qu'avec l'organisation judiciaire et la hiérarchie processive actuelle, c'est en réalité le tribunal de commerce qui statue en dernier ressort sur la question de faits. La Cour d'appel suit le tribunal quand il dit qu'il y a jeu, et la Cour de Cassation s'en rapporte à la Cour d'appel. C'est ainsi que j'ai pu être condamné malgré le talent et le savoir de mon éminent avocat, bien qu'il y ait eu vice de forme, (erreur de date dans le jugement) et lorsque j'avais, pour moi, le rapporteur et le ministère public !

*
* *

Délais. — Première traite protestée 13 septembre 1881 ; assignation en payement de 15.000 fr. de billets protestés et jugement du tribunal de commerce de Rouen, 7 août 1882 ; arrêt de la Cour, 13 août 1883 ; arrêt de la Chambre des requêtes 29 décembre 1884.

Addition. — Frais de procès faits depuis le 13 septembre 1881.   8503 fr. 38

Moralité. — M. Evode Chevalier me redemandera, et je lui rendrai sur jugement les billets protestés qui déshonorent sa signature, ou je les restituerai à un de ses descendants, si ces derniers trouvent jamais ? que bonne renommée vaut mieux que ceinture dorée mal acquise.

Arrêt du 29 décembre 1884, Cour de Cassation, Chambre des requêtes.

Copie à moi remise par mon avocat, par lettre du 7 Janvier 1885.

La Cour :

Oui M. le conseiller Delise en son raport ; Mᵉ Mayer, avocat du pourvoi, en ses observations ; M. l'Avocat Général Chévrier en ses conclusions. Sur le premier moyen tiré de la violation et fausse application des articles 1765, 1604, 1289 et 1220 du Code Civil.

Attendu qu'il est déclaré par l'arrêt attaqué, que les prétendus comptes et marchés de coton, de saindoux ou autres, invoqués par Chevalier de Coninck ès-nom, contre Evode Chevalier ; n'étaient pas des opérations sérieuses ; qu'il n'y avait là, de la part de ce dernier, qu'un jeu effréné où il se jetait aveuglément et où Picard et Chevalier, alors commissionnaires au Havre, l'entraînaient de leur côté par leurs conseils, par excitation intéressée et par leur participation la plus active ; que le caractère fictif de ces affaires, sans base réelle, ne pouvant et ne devant pas aboutir à des livraisons ni à des paiements effectifs, était à l'entière connaissance des intéressés ; que les négociations et les engagements ne s'y formaient, d'une commune entente, qu'en vue d'un paiement de différence et s'y ramenaient exclusivement.

Attendu que ces constatations échappent au contrôle de la Cour de Cassation, qu'en déclarant par suite que l'exception de l'art. 1965 a pu être opposée juridiquement, par Evode Chevalier à Picard et Chevalier ; l'arrêt attaqué n'a violé aucun des articles visés au pourvoi.

Par le second moyen tiré de la violation des article:
2062 et 1351, attendu qu'il ne résulte pas de l'arrêt attaqué que la transaction ait eu l'objet que lui assigne le
demandeur ; et que le moyen manque par le fait qui lu
sert de base.

Par ces motifs, rejette le pourvoi de Paul Chevalier
liquidateur de la Société Chevalier et Picard, contre ur
arrêt rendu le 13 août 1883 par la Cour d'Appel de Rouen
au profit d'Evode Chevalier.

Condamne Chevalier de Coninck ès-nom, à l'amende

Fait et prononcé à l'audience publique de la Chambre des requêtes, le 29 décembre 1884.

FIN